L'ENFER d'un SCHIZOPHRENE

****

Christopher BOIRAYON

L'ENFER d'un **SCHIZOPHRÈNE**

Un calvaire d'Hôpital en Hôpital

Illustration : **Alain B, Gaby B, Jenni B,**
Traduction :
Autres coopérateurs : **Alain BOIRAYON**

Edition : BoD - Books on Demand
12/14 rond-point des Champs Elysées
75008 Paris
Imprimé par BoD – Books on Demand, Norderstedt
ISBN : 978-2-9782810612512
Dépôt légal : ***04 2016***

A ceux qui m'ont aidé à vaincre mes angoisses tous, Médecins, Infirmiers, Infirmières, Kinésithérapeute, Ambulanciers, Taxis.

Et surtout à ma famille qui m'a tellement secouru et soigné, mon père, ma mère, ma petite sœur et mon frère aîné.

Chapitre 1 - Mon adolescence avant la maladie

Avant que je tombe malade j'étais un adolescent normal certes gros, la journée je m'amusais avec mes amis et ma mère m'avait acheté une moto, j'allai me promener toute la journée avec mes amis. Je travaillais comme agent de sécurité et bricolais dans la maison de mon grand père, un jour que mon père était absent j'ai poursuivi le travail commencé en maçonnerie, un matin j'ai pris le marteau piqueur et cassé du bêton, il y avait beaucoup de gravats que dont j'ai remplis six grosse remorque, avec cet effort j'ai eu un malaise, je me sentais partir, ma mère m'ayant emmené à l'hôpital le service cardiologique m'a gardé trois jours. Mais un jour entre bande il y a eu un règlement de compte, un mec a sorti une arme et a tiré. Cela m'a effrayé et le lendemain j'ai commencé à avoir des angoisses de jour en jour c'a s'aggravais un jour ma mère a appelé les pompiers parce que je perdait connaissance les pompiers mon amené à Vienne aux urgences un psychologue a voulu me voir on a parlé une heure entière il a pris la décision de me soulager avec un traitement qui à fait effet, j'ai commencé à me sentir mieux à ce moment j'ai su que j'allais plus être le même, je remarque une chose depuis que je prend le traitement j'arrêtais pas de grossir.

En 2013 j'ais déménagé dans le 06 Alpes-Maritimes j'ais contacté une psychologue, et après une psychiatre qui a changé le traitement, j'ai des nouveaux médicaments et elle m'a réduit de moitié le plus important le loxapac, je me sens moins fatigué je commence à maigrir 5 kilos par semaine c'est pas mal cher lecteur.

1-1 Avant la maladie

Christopher né en 1990 _ Isère

Je sais ce que vous allez dire, impressionnant, je défis toutes les lois de la gravité, j'espère que des gens se reconnaitront et je serais ravi d'échanger mon expérience avec vous. Si j'avais un conseille à donner ce serait de toujours croire en vous, tout est possible dans la vie, moi je le sais que ça vas s'arranger, maintenant je suis bien, en paix avec moi, pour ça je travail sur moi.

Accouchement eutocique : **Césarienne pour souffrance fœtale (2 circulaires cervicaux très serrés).**
2320 gr, 46 cm, P. crânien : 33,5 cm P. thoracique : 30cm
Aspiration + O_2

Depuis mars 2011 accumulait les accès aux services d'urgences soit de l'hôpital Oudot à 38300 Bourgoin-Jallieu, soit à l'hôpital Hussel 38200 Vienne, soit à l'hôpital Grange Blanche à 69008 Lyon pour divers symptômes non mis en évidence à chaque fois sauf en août 2011 ou l'hôpital Oudot à détecté une pleuropneumopathie droite qui à été soignée par le Docteur Stéphanie Luciani, Christopher ayant sevré son tabagisme à cette époque.
<u>*Christopher ne boit pas d'alcool, ne fume pas de produits illicites.*</u>

En octobre 2011 Christopher demande à consulter un psychiatre se plaignant de problème dans la tête, je contacte le Docteur GxxxxB médecin à Lyon 08 qui après l'avoir examiné lui propose de le prendre en suivi quelques temps à la Clinique psychiatrique Champvert 69005 Lyon 08 26 96 20 20

Le 19 octobre nous nous rendons à cette clinique en ambulatoire ou Christopher est accueilli, suite à son comportement inadéquate avec l'établissement ce dernier est transféré le 20 octobre 2011 au pavillon P14 du C.H. Hussel à Vienne sous la responsabilité de Mme Sxxxxxxi où nous ne pouvons lui rendre visite avant le 04 novembre. Étant en contention totale pendant cette période (16 jours).

Chapitre 2 – Les angoisses de la tomber de la nuit

Dès que le soleil tombe et que la nuit arrive je commence à avoir des symptômes comme des fourmis dans le visage dans les mains, les oreilles qui gonflent, mal à la gorge et la sensation de me sentir enfermer ca me rend agressif.

Dès que je sentais ca, j'allais me coucher une petite heure mais avec le traitement à des moments, les crises sont violentes mais l'heure des crises était à partir de 16 heures.

La journée ça allait, pas de crise, mais à partir de la fin de journée c'était un cauchemar mais dans mon malheur j'ai une très grande chance d'avoir une famille qui m'aime et me soutien, moi aussi j'ai voulu comprendre pourquoi dès la tombée de la nuit je stress, j'ai cherché sur internet j'ai posée des questions à beaucoup de médecins mais personne a su m'expliquer si juste que ca serait une inflammation au cerveau vous serez d'accord avec moi c'est peux comme explications.

Chapitre 3 – Lyon Champvert et après

Je suis arrivé dans cette clinique accompagné de mes parents de suite je ne me suis pas senti à ma place.

J'ai commencé à refuser de manger pendant deux jours les infirmières mon réconforté, mais même ca le faisait pas je ne me sentais pas à ma place je mangeais peux après j'allai dans les couloirs me balader. Je m'ennuyais beaucoup même si les lieux étaient immenses les abords aussi avec beaucoup d'arbres.

Un jour le directeur et venu me voir dans ma chambre on a discuté et il a pris la décision de casser le contrat.

Dans l'après-midi une ambulance et venu me chercher je croyais que je rentrais chez moi mais non il m'on amené à P14 à Vienne, j'étais déçu mais mon père est venu me voir, il m'a demandé pourquoi j'avais fait ça ! Je lui ai dit tout ce que je veux c'est rentrer à la maison.

-Vienne...pourquoi

P061111_14.350001

Nous retrouvons Christopher complètement transformé physiquement très amaigri ne pouvant plus parler, ni tenir debout ne restant avec nous que quelques minutes.

Son traitement :

LOZINAN 100 mg 1.1.0.1
RISPERDAL 4 mg 1.1.1.1
LEPTICUR 10mg 1.0.0.0
IMOVANE 1 cp au coucher
RIVOTRIL 2 mg 1.1.1./15j.

FUNGIZONE 3 cuill./Jour 15j. (voir annexe 1)

Mon arrivée à P14 à commencé tres mal ils ont comencé à me plaquer au sol et me deshabiller ils mon mis une chemise d'hôpital et commensé à m'attacher je suis rester ainsi pendent 16 jours sans pouvoir bouger quand je voulais aller aux toilettes il fallait que je crie, quand des fois ils ne voulaient pas répondre je me faisait pipi sur moi, pour manger il me détachait. J'avais perdu l'usage d'un bras engourdi par le fait d'être toujours attaché, de toute façon les repas étaient mauvais.   En   un   mois   j'ai   perdu   31   kilos,   je sais…impressionnant. Le soir ils vennaient me faire une piqure d'un produit jaune qu'ils m'injectaient dans la cuisse, ils me surdosaient en médicaments sans eaux.   Un matin tout à changé, l'infirmier chef est venu me détacher et m'a dit << tu va prendre un bain, puis je vais te rasé >> une foi cela fait il ma habillé avec mes vêtements et m'a annoncé une surprise, il m'a emmené dans une pièce et la quand j'ai ouvert la porte entrouverte j'ai vu mes parents, j'étais ému, j'ai discuté un très petit moment avec eux mais soudain ma mère et ma petite sœur sont sortis de la pièce, j'ai compris que c'était pour pleurer. Au deuxième rendez-vous jai montré à mon père ma langue brûlée par les médicaments.

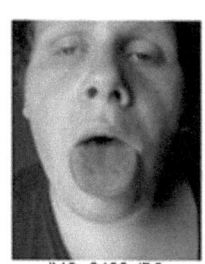

IMG_0489.JPG
4-1 Langue brulée

Il a constaté et fait le nécessaire entre temps j'avais changé de chambre je n'étais plus en secteur fermé, ni attaché, les repas se passaient dans la chambre et de temps en temps je pouvais aller voir la télévision dans le salon. Ce que j'ai trouvé de bien c'était dans ma chanbre, je pouvais voir décoller et atterrir les hélicoptères sur la piste. Quand j'allais dans le salon il fallait que je demande la permission.

pour changer de chaise, alors j'en avais mare et j'allais me coucher dans ma chambre qui était rouge.

Les journées passaient, jusqu'au jour où un matin spécial mon père et venu me libérer de cet enfer en prenent toutes mes affaires, je savais que je sortais pour de bon. Je me plaignais de ma jambe elle me faisait terriblement mal, mon père m'a emmené à l'hôpital Oudot de Bourgoin-Jallieu pour examen, le médecin qui m'a pris en charge a trouvé que je faisais une flébite il m'a mis sous traitement et 21 jous après j'étais guéri heureusement que mon père était là sinon j'aurais pu mourir parceque le caillot est proche de l'artère.

Bon je vous rassure aujourd'hui   tous va bien plus de flébite, lol

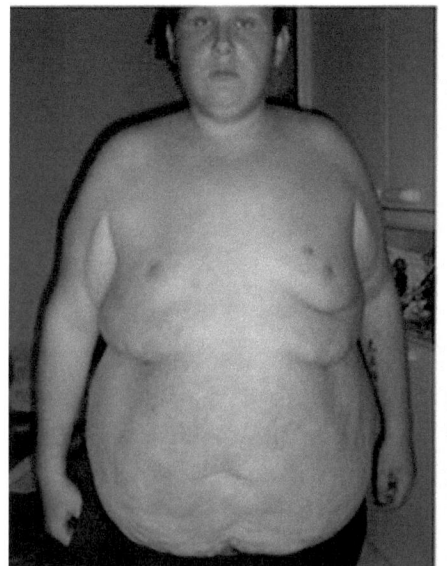 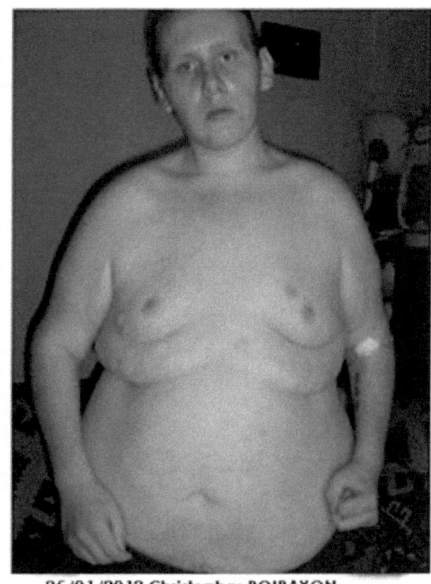

17/09/2011 Christopher BOIRAYON
Allergie constatée C.H.OUDOT

25/01/2012 Christopher BOIRAYON
Etat physique, perte de 36 Kgs en 96 jours.

Durand cette période de dépressions, soucis physique vu mon gabarit, j'avais des tendances suicidaires envers moi et envers les autres. Les crises survenaient surtout en milieu d'après midi ou comme souvent lorsque la lumière baissait, à croire la maladie est liée à la lumière. J e me disait aucun espoir de guérison, une larve j'étais, aucune envie de rien si ce n'est la mort.

Mais un jour il y à eu un déclic dans mon cerveau, à ce moment précis j'ai su que je devais combattre la maladie pour rester avec les miens. Cela à été comme une évidence, il fallait que je fasse face à cette épreuve, je pensais chaque nuit et un jour j'ai agi.

J'ai retrouvé peut à peut mes acquis scolaires, car j'avais préparé un CAP Menuiserie Ebéniste mais n'est pu arriver à l'examen.

Suite à cet échec je ne me suis démoralisé j'ai fais face avec acharnement chaque jour je faisais un pas de plus autonome.

Chapitre 5 – Grenoble

Suite à l'accident créé à mon père je vous explique, c'était un matin mon père était en colère contre moi il voulait des papiers j'ai eu peur dans ma chambre en travaux il y avait un marteau, j'ai pris l'outil et mis un grand coup à mon père sur le crâne, le sang coulait, j'ai quitté la pièce en courant et je me suis refugier chez mon oncle je lui ai expliquer que je croyais avoir tué mon père et lui dit de m'emmener à la gendarmerie pour avouer mon crime.

On commence à rouler quand mon oncle a aperçu ma mère dans la rue il c'est approché, ma mère a commencé a me rassurer en disant que mon père était en vie et d'attendre dans la cour. Quand les pompiers suivi des gendarmes son arrivés ils ont emmené mon père aux urgences et moi les gendarmes accompagnés de ma mère mon emmené chez le docteur.

Une foi chez le docteur mon grand frère est venu avec son collègue bizarrement il n'était pas en colère, il m'a expliqué que mon geste était grave, il m'a rassuré et dit qu'il allait m'emmener à hôpital, il m'a mis les menottes pour notre sécurité. Mon arrivée le 22/11/2011 c'est bien passée, j'ai été pris en charge de suite très gentiment. Le soir ma mère m'a appelé et m'a passé mon père on a discuté et il ma dit qu'il ne m'en voulait pas, deux jour plus tard mes parents sont venu me voir il on discuter avec le médecin et le chef de service a pris une décision j'ai été transférer à Vienne P14 mais je ne suis pas resté longtemps mon père comme toujours m'a fait libérer.

Une ambulance me ramène à Vienne le 24 novembre 2011 sur demande   suite à appel du service Psychiatrique de La Tronche du Transfert de Chris., vu B....pour situation selon son état et soins nécessaires, demande de bilan pathologique.

Quelques jours plus tard le chef de service me fait transférer à Bron Hôpital du Vinatier qui soit disant avait une structure adaptée à mon cas.

Il voulait surtout se débarrasser de moi après m'avoir handicapé avec les médicaments et le traitement physique enduré.

Chapitre 7 – Le Vinatier USIP BÂT 407 à Bron 69

J e suis rentré au Vinatier en secteur fermé je me souvient au début j'étais enfermé dans la chambre . Je pouvais sortir que pour aller manger, cela à duré cinq jours après ils m'autorisent à aller dans le couloir.

Quand je voulais il y avait une salle de sport mais je faisais trente minutes après les repas se prenaient en salle, les menus était correcte. Un soir au bout d'un long moment j'ai appris que mes parents venaient voir le médecin alors j'attendais dans le couloir contre la vitre d'une porte quand soudain j'ai aperçu une infirmière avec des vêtements. Elle a ouvert la porte et m'a demander si c'était moi Christopher j'ai répondu oui elle m'a di tes parents viennent te chercher quand j'ai entendu ca j'ai eu un grand soulagement je me suis changé et suis allé avec mes parents. Jai tiré un trait sur le Vinatier.

7-1 Le Vinatier Entrée Urgt

7-2 Le Vinatier USIP Bron 69

Chapitre 8 – Retour à la maison

Je suis revenu dans ma famille pour Noël 2011 et ça c'était les plus beaux jours depuis longtemps.

Le 6 février 2012   nous avons demandé une expertise médicale détaillée pour le Tribunal suite à son agression sur son père et une Circonstanciée pour mise sous Tutelle. Hormis le suivi du renouvellement de la médication, Christopher à été suivi depuis le 8 mars 2012 par un Masseur-Kinésithérapeute de la région   deux fois par semaine pour les 4 membres. (Prescription   suite au rapport Détaillé*, mains crochues, contraction musculaire importante, tête fuyant en avant)*.

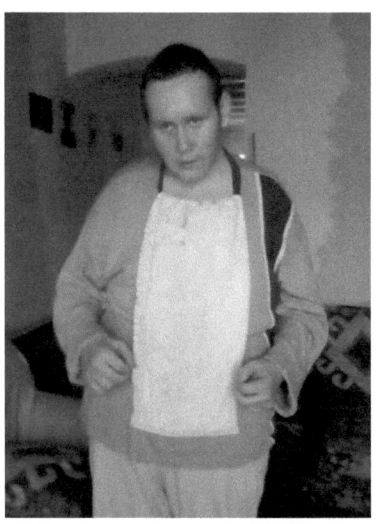 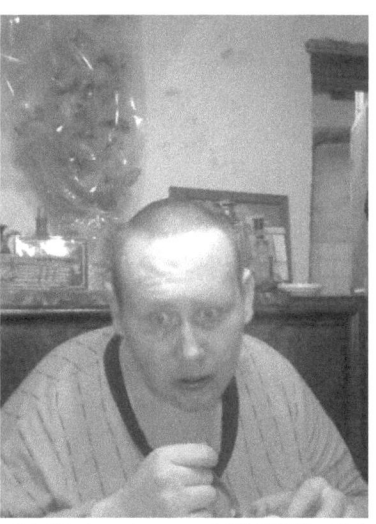

8-1 mains crochues SP_A0034   8-2 tête fuyant en avant AB_NOKIA_0248

J'ai vécu un drame le 27 septembre 2014, le décès de mon grand-père il ma fallut du temps pour accepter sa mort, mais j'ai fait une dépression, ma psychiatre me voyant dans cet état voulait m'hospitaliser mais j'ai refusé, je voulais remonter la pente tout seul et j'ai réussi à battre ma dépression maintenant à ce jour j'ai toujours des angoisses mais moins qu'avant j'arrive à les contrôler mais le traitement me fatigue beaucoup j'espère un jour redevenir normal mais il faut que j'arrête de rêver ma maladie sera toujours en moi jusqu'à ma mort.

De plus je fume trop et ne peux contrôler cette dépendance qui m'handicape puisque ma santé sans ressent.

Vous savez, je voudrais vous parler de mes parents depuis le commencement de ma maladie ils ont toujours été la vraiment il y a pas de mot pour dire ce que je ressens pour eux des parents comme ca c'est rare mais ma petite sœur elle en a passé des nuits blanches à veiller sur moi pendant mon sommeille oui vraiment j'ai une famille en or et je leur dit un grand merci vraiment pour tout. C'est grâce a eux si aujourd'hui je suis presque redevenu normal.

Chapitre 9 - Un long moment entre père et fils

Mes parents prenait beaucoup soin de moi, un jour mon père a monté un lit dans ma chambre, il ma dit c'est pour te surveiller la nuit et que tu ai une présence près de toi. Je me rappel que la nuit il me racontait des histoires pour pas que je m'angoisse.

La nuit quand je voulais aller au toilette il me levait avec difficultés, quand je voulais boire il me donnait de l'eau avec du sirop de fraise humm mon préférer, lol.

Un matin spécial je me réveille, mon père dit on descend dent le salon je dit oui il commence à bouger quand soudain je tire ma couverture et me lève tous seul mon père applaudi il me dit commence a descendre j'arrive alors j'étais en bas quand mon père arriva et la j'ai dit surprise le petit déjeuner et servi monseigneur.

Mon père ému a commencé à s'assoir et déjeuner avec ma maman et descendu mon père a expliqué à ma mère contente pour moi alors ils ont dit savourons se bon déjeuner.

Les jours passer mon père à décidé de redormir dans sa chambre mais pour prévenir si j'avais une petite cloche en cas de soucis.

Je vous avoue aujourd'hui je suis complètement autonome j'ais fait un grand pas devant la maladie mais je sais que le chemin et long encore.

Chapitre 10 - Le poids varie

Chers lecteurs, lectrices faisons un point sur ma vie, depuis tout petit je bien portant, mais quand je suis tombé malade mon poids à varié d'un coup je suis devenu vraiment très obèse, je perdais beaucoup et deux semaines après je prenais le triple je me rappel une fois j'ai perdu 31 kilo en 1 mois et après en 2 mois j'ai pris 47 kilos je sais ce que vous pensez c'est impossible et si je vous confie à cause de ca j'ai fait une dépression, je voulais mettre fin à ma vie mais je me suis repris je me suis dit je pouvais pas faire ça à ma famille.

Jai demander à ma psychiatre de me baisser le loxapac ce quelle a fait et maintenant je perd du poids 10 A 15 kilos par trimestre, mon objectif c'est de perdre 150 kilos cela sera dur mais j'ai la foie et je sais que je vais réussir.

Chapitre 11 - Hôpital Clavary à Grasse 06

En février 2014 j'ai accepté de faire un séjour à l'Hôpital Clavary de Grasse 06 Alpes-Maritimes pendant quatre jours j'ai été suivi par le service spécialisé, le personnel était sympathique et efficace, quand j'avais des angoisses.

En juin 2015 je suis retourné dans le même service pour un séjour plus long de treize jours le chef de service avait changé mais le personnel toujours pareil. Au cours de ce séjour j'ai eu un malaise et été transféré momentanément aux urgences du même hôpital. Mon cœur s'emballait trop.

Ma chambre était propre avec un lit médicalisé je pouvais sortir du bâtiment comme je voulais et aussi la cour grande, confortable bancs tables et surtout tout le temps ouverte quand c'était l'heure de manger on allait au réfectoire il y avait une belle télé, un piano, une salle de jeux et les patients avec toute leur tête pas comme dans les autres hôpitaux ou les gens était des cadavres non franchement le meilleur de tous.

Après avec l'accord du médecin je suis rentré chez moi.

Franchement l'Hôpital de Grasse 06 Alpes-Maritimes à été le meilleur de tous, le personnel adorable, attentif envers les patients tous comme les médecins toujours à l'écoute.

Depuis septembre 2013 je suis suivi par une psychiatre et une psychologue à l'hôpital du Petit Paris à Grasse. Ces femmes sont très attentives de mon bien être car je souffre beaucoup, heureusement j'ai une famille en or car je suis isolé, sans eux je ne pourrais vivre seul ni dans un établissement spécial.

Chapitre 12 - Compte rendu du suivi médical

Après P14

Le 06 novembre une deuxième visite est organisée par le service il était sous traitement :

LOZINAN 100 mg	1.1.0.1
RISPERDAL 4 mg	1.1.1.1
LEPTICUR 10mg	1.0.0.0
IMOVANE 1 cp au coucher	
RIVOTRIL 2 mg	1.1.1./15j.

Le 10 novembre après une visite impromptue auprès de notre fils (il est très affaibli avec une énorme mycose buccale) nous décidons de le sortir de l'hôpital sous décharge. Ce dernier se plaignait d'avoir beaucoup mal à la jambe droite.

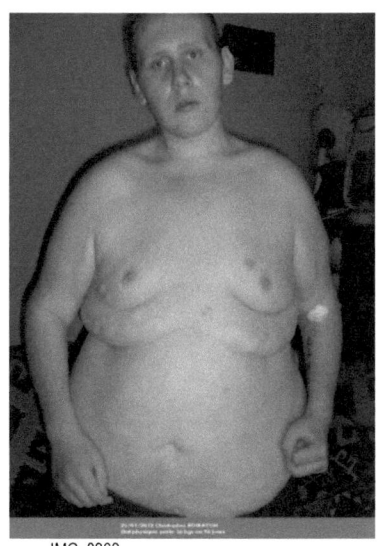
IMG_0862

Il est reconnu avoir une schizophrénie paranoïde par le Dr LxxxxxxxE chef de Service au pavillon P14 du C.H. Hussel à Vienne.

Le 14 novembre je l'emmène à l'hôpital Oudot à Bourgoin-Jallieu pour consultation écho doppler qui révèle une Thrombose de la veine poplitée et fémorale droite, un traitement est mis en place et suivi jusqu'à fin mai 2012.

Le 22 novembre Christopher dans une crise subite me frappe avec un objet contondant et de ce fait se retrouve d'office aux Urgences Psychiatrique de Grenoble La Tronche il y restera quelques jours avant d'être transféré à P14 de l'hôpital Hussel 38200 Vienne, ce que nous comprenons mal. IL est de nouveau attaché jusqu'au 9 décembre ou il est transféré au Sce USIP (Dr TxxxxxxT) Le Vinatier 69. IL restera à USIP jusqu'au 19 décembre date à laquelle nous décidons, ma femme, mon fils aîné et moi-même de le reprendre chez nous. Il à perdu 36 kg en 96 jours, ne tient pas debout, ne parle pas, ne mange plus, il était sous traitement :   RISPERDAL ORO 4 mg   1.1.2.
                          LOXAPAC 100 mg   1.1.1.1
                          PREVISCAN 20mg   ¾ le soir
                          TERCIAN 100 mg   1.1.1.1

Notre médecin traitant   le Dr NxxL 38440 le prend en charge et prescrit une alimentation liquide type Fortimel ou Frésubin, suite à une consultation, celui ci nous informe que le Dr LxxxxxxxE (P14) l'a appelé pour critiquer le fait d'avoir prescrit des aliments liquides spécialisés en disant que Christopher est suffisamment gros et peut jeuner (sic).

Le 19 janvier 2012 sur demande Dr NxxL passage aux Urgences de l'hôpital Hussel 38200 Vienne, consulté par le Dr TxxxxxxC qui réduit le traitement : RISPERDAL ORO 4 mg   1.1.1.
                          LOXAPAC 100 mg   ½ . ½ . ½ . 1
                          TERCIAN 100 mg   1.1.1.1

Le 24 janvier 2012 notre médecin traitant demande une Tomodensitométrie encéphalique, il n'est pas objectivé de syndrome d'HTIC, ni d'image de caractère néoplasique, ni séquelles d'une pathologie vasculaire itérative.

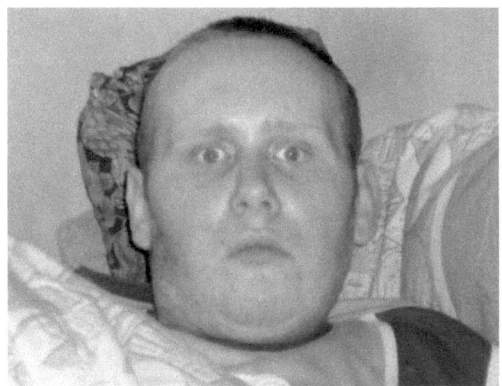
MG_0864

Nous avons enduré un calvaire car Christopher   ne pouvait ni s'alimenter, ni se lever ou se coucher seul, ni se laver ni aller aux toilettes seul, nous devions êtres présents et vigilants 24h/24 avec ma femme et sa sœur Jennifer.

En parallèle il est soigné par une Infirmière chaque jour pour une escarre à la jambe gauche suite à une mauvaise chute due à son déséquilibre important.

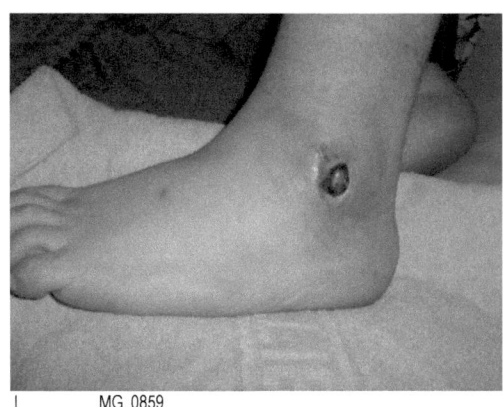
| MG_0859

Actuellement je suis suivi pour mon obésité auprès de plusieurs services dans le but de trouver une vraie solution à ce problème supplémentaire, étant schizophrène cela complique ma vie et celle de mes parents dont je dépends.

Du fait de mon poids énorme, je ne peux faire aucun métier ni vraiment aucun effort malgré ma force herculéenne car je fatigue trop vite.

Conclusions

Ma conclusion c'est et vous serez d'accord, depuis que je suis née j'ai pas eu de chance mais dans mon malheur il y a eu beaucoup de bonheur avec ma famille.

Mon expérience des hôpitaux psychiatrique est sincèrement traumatisante et ma réflexion est :

Vienne P14 … DANGEREUX, ni allez jamais Lyon ça va, Vinatier pareille que P14, Grenoble ça passe et Grasse super, si vous avez un petit souci je vous le conseille.

Je vous remercie de m'avoir lue chers lecteurs, lectrices et un grand merci à ma famille d'avoir toujours été là pour moi.

Mon petit dicton *Ce qui ne me tue pas me rend plus fort.*

Février 2016

ANNEXE 1

Témoignage de personnes qui, comme moi, ont vu leur vie renversée après la prise d'un médicament

En l'occurrence celui appelé "Fungizone", un amphotéricine b. Il est prescrit dans le cas de mycoses mais peut avoir des effets indésirables très dangereux et c'est pourquoi il est interdit dans de nombreux pays en dehors de la France. Dans mon cas, je suis arrivée au seuil de la mort en l'espace de 4 mois après la prise de ce médicament (que j'ai limitée à 18 jours sur les conseils d'un gastro-entérologue, au lieu de 20 jours initialement prescrits) et j'ai dû être désintoxiquée de ce médicament pour survivre. J'ai perdu 20 kgs en l'espace de 2 mois (je ne pesais plus que 34 kgs), mes os étaient devenus mous, mes intestins ne fonctionnaient plus et je survivais grâce aux lavements et hydrothérapie du côlon, aucun aliment n'était assimilé j'éjectais une diarrhée verdâtre foncée nauséabonde, tout mon corps était devenu douloureux et je pouvais à peine marcher. Je suis devenue aussitôt extrêmement allergique à tout et encore aujourd'hui, cela m'exclut de toute vie sociale (toutes les odeurs m'agressent et je suffoque, je perçois les moindres odeurs, dès que je mange quelque chose, je suis amorphe). Il semblerait que cela s'appelle une réaction d'Herxheimer mais dans mon cas, cela a failli me coûter la vie et après 4 mois d'incompétence thérapeutique en France au cours de l'été 2003, ma famille a dû se résoudre à me conduire dans une clinique holistique en Suisse où j'ai été hospitalisée pendant 12 semaines. Le médecin qui m'a suivi, un américain, connaissait très bien ce médicament qu'il a désigné comme un poison. Il m'a sorti un rapport de la communauté médicale internationale qui indiquait que Fungizone est reconnu comme extrêmement dangereux et qu'il ne peut être administré qu'en cas d'extrêmes situations car il peut être responsable de dommages irréversibles des reins, du foie, de suppression de moelle osseuse, d'anorexie etc... Si mes amis et ma famille ne s'étaient pas solidarisés pour rassembler plus de 31000 euros, je ne serai pas vivante aujourd'hui.

J'ai appelé le fabricant de ce médicament qui n'a pas voulu recueillir mon témoignage. J'ai alerté le service de surveillance pharmacopée mais en vain. Pourquoi la communauté médicale française ferme-t-elle les yeux sur le problème des mycoses souvent lié aux intoxications chroniques aux métaux lourds et aux solvants, qu'ils émanent des amalgames dentaires, du poisson ou des pesticides ?

Dans mon cas, à mon entrée en clinique, mes analyses de cheveux montraient que le taux minimum de mercure qui avait circulé dans mon sang au cours des 6 dernières semaines était plus de 7 fois supérieur à la normale. La seule explication donnée était que le médicament avait tué des mycoses qui en mourant avait libéré tant leur toxines que le mercure qu'elles avaient emmagasiner. Des études scientifiques faites aux Etats-Unis ont révélé que les mycoses se développent considérablement en présence de mercure et qu'en comparaison, leur développement en présence de sucre est insignifiant.

J'aimerais recueillir vos témoignages. Je souhaite que l'industrie pharmaceutique ne puisse plus promouvoir la maladie et faire de nouvelles victimes. J'ai vécu un enfer, j'ai eu très peur de mourir, je me suis sentie sortir de mon corps et aujourd'hui encore, je me bats chaque jour, par des soins quotidiens, pour retrouver la santé et jouir d'une vie sociale.

*Svastha / **DOCTISIMO***

Sommaire

TABLE DES ILLUSTRATIONS